coleção primeiros passos 36

Antonio Augusto Arantes

O QUE É
CULTURA POPULAR

editora brasiliense

Copyright © by Antonio Augusto Arantes
Nenhuma parte desta publicação pode ser gravada,
armazenada em sistemas eletrônicos, fotocopiada,
reproduzida por meios mecânicos ou outros quaisquer
sem autorização prévia da editora.

Primeira edição, 1982
14ª edição, 1990
11ª reimpressão, 2017

Diretoria Editorial: *Maria Teresa B. de Lima*
Editor: *Max Welcmam*
Produção Gráfica: *Laidi Alberti*
Diagramação: *Adriana F. B. Zerbinati*
Revisão: *José E. Andrade*
Capa: *123 Artistas Gráficos*

Dados Internacionais de catalogação na Publicação(CIP) (Câmara Brasileira do Livro, SP, Brasil)

Arantes, Antonio Augusto,
     O que é cultura popular / Antonio Augusto Arantes.
 São Paulo : Brasiliense, 2012. - - (Coleção
 Primeiros Passos ; 36)
 	
     10ª reimpr. da 14ª. ed. de 1990.
     ISBN 85-11-01036-X
 	
     1. Cultura Popular I. Título. II. Série

06-1989   CDD- 306

Índices para catálogo sistemático :
1. Cultura Popular: Sociologia   306

Editora Brasiliense Ltda
Rua Antonio de Barros, 1720 - Tatuapé
03401-001 - São Paulo - SP
www.editorabrasiliense.com.br

SUMÁRIO

I. Um aglomerado indigesto de fragmentos?...................7
II. As culturas aqui e agora, múltiplas e em constante transformação..................24
III. Na dimensão política do "popular", a questão da "participação"..................53
IV. Considerações finais...................76
V. Indicações para leitura....................83
VI. Bibliografia..................88
VII. Sobre o autor..................92

Para Marília

UM AGLOMERADO INDIGESTO DE FRAGMENTOS?

"Cultura popular" está longe de ser um conceito bem definido pelas ciências humanas e especialmente pela Antropologia Social, disciplina que tem dedicado particular atenção ao estudo da "cultura". São muitos os seus significados e bastante heterogêneos e variáveis os eventos que essa expressão recobre.

Ela remete, na verdade, a um amplo espectro de concepções e pontos de vista que vão desde a negação (implícita ou explícita) de que os fatos por ela identificados contenham alguma forma de "saber", até o extremo de atribuir-lhes o papel de resistência contra a dominação de classe.

Essas diferentes concepções orientam a observação do pesquisador para fatos bastante diversos entre si. Tomemos, por exemplo, esses dois pontos de vista extremos. O primeiro refere-se, em geral, a aspectos da tecnologia (técnicas de trabalho, procedimentos de cura, etc.) e de "conhecimento" do universo, enquanto o segundo enfatiza as formas artísticas de expressão (literatura oral, música, teatro, etc.); um tende a pensar os eventos no passado, como algo que foi ou que logo será superado; e outro os pensa no futuro, vislumbrando neles indícios de uma nova ordem social.

Examinaremos, neste capítulo, dois pontos desse espectro: por um lado, a "cultura popular" concebida por contraste ao termo genérico "cultura" em seu uso corrente e, por outro, como suporte de uma idealização romântica da tradição, que é uma perspectiva frequentemente encontrada nas teorias de muitos folcloristas, além de ser amplamente difundida entre diversos setores da sociedade. Mais adiante, retomarei a questão de se concebê-la como um modo de resistência.

Embora este trabalho tenha por objetivo introduzir o tema a um público de não especialistas, acredito ser conveniente não escamotear o mal-estar que, em geral, esse assunto provoca em muitos intelectuais. Muita gente torce o nariz, levanta as sobrancelhas ou movimenta-se com impaciência quando ouve o enunciado "cultura popular". Isto se deve a, pelo menos, dois motivos. Em primeiro lugar, ao fato dessa noção ter servido a interesses políticos populistas e paternalistas, tanto de direita quanto de esquerda; em segundo, ao fato de que nada de claramente discernível e demarcável no concreto parece corresponder aos múltiplos significados que ela tem assumido até agora.

Já é tempo de nos indagarmos sobre o sentido mais profundo dessa expressão e sobre a conveniência de a continuarmos usando como rótulo identificador de não se sabe muito bem o quê.

Esta postura requer do leitor, entretanto, atenção dupla pois, a um só tempo, estaremos dando os primeiros passos e buscando novos caminhos.

Registra A. Buarque de Hollanda, em seu conhecidíssimo Pequeno Dicionário Brasileiro da Língua Portuguesa, que a palavra "cultura", em seu uso corrente, significa "saber, estudo, elegância, esmero"; ela evoca os domínios da filosofia, das ciências e das belas-artes.

Nas sociedades estratificadas em classes, essas esferas da "cultura" são, na verdade, atividades especializadas que têm como objetivo a produção de um conhecimento e de um gosto que, partindo das universidades e das academias, são difundidos entre as diversas camadas sociais como os mais belos, os mais corretos, os mais adequados, os mais plausíveis, etc. Nesse sentido, "ser culto" é uma condição que engloba vários atributos: ter razão, ter bom gosto ou, numa palavra, como diz o nosso dicionário, "saber, ter conhecimento, estar informado".

Se olhamos à nossa volta, logo nos damos conta de que são muitos e variados os valores e concepções de mundo vigentes numa sociedade complexa e diferenciada. Numa cidade como São Paulo, por exemplo, onde grande parte da população descende de estrangeiros e de migrantes rurais, diversos modos de vida são recriados. É imediatamente visível a presença da cultura japonesa no bairro da Liberdade; da judia no Bom Retiro; da italiana no Bexiga e na Mooca. A inspiração rural está presente nos indefectíveis tomateiros e pés de xuxu plantados nos quintais de pequenas dimensões: nos canteiros de temperos e chás de ervas construídos em centímetros quadrados, furtados aos chãos de cimento avassalador... É marcante a presença da cultura nordestina em bairros da zona leste e da zona sul da cidade. São várias as religiões, múltiplas as formas de se lidar com as doenças e aflições, variados os modos de relacionamento dentro e fora da família, para não mencionar as estratégias de sobrevivência e as concepções sobre o sentido do trabalho.

Refletindo com cautela, entretanto, logo perceberemos que por sobre essas diferenças, alguns valores e concepções são implementados socialmente, através de complexos mecanismos

O que é cultura popular   11

O "popular" pontilhando o cotidiano "refinado"

de produção e divulgação de ideias, como se fossem, ou devessem se tornar, os modos de agir e de pensar de todos. É essa na verdade uma das funções mais importantes (embora não a única) das escolas, das igrejas, dos museus e dos meios de comunicação de massa. Ainda que muitas vezes de modo indireto e implícito, essas agências procuram aproximar o que é efetivamente dissemelhante, legitimando a supremacia de alguns modos particulares de "saber" sobre os demais.

Aprendemos, por exemplo, na escola ou na propaganda da TV, que "0 Brasil é um cadinho democrático de raças". Que europeus, índios e negros contribuíram com suas características biológicas e culturais para formar a nação brasileira. Não obstante, o branco que se precavenha pois "quando um negro não suja na entrada, ele suja na saída".

Sabemos bem que "religião, cor e política não se discute", pois cada um tem a sua preferência. Mas "Deus é brasileiro", as nossas catedrais são católicas, apostólicas e romanas e os nossos generais democráticos. "Pãos ou pães, é questão de opiniões".

Embora nos ensinem a ter um modo de vida refinado, civilizado e eficiente — numa palavra, "culto" — não conseguimos evitar que muitos objetos e práticas que qualificamos de "populares" pontilhem nosso cotidiano.

Samba, frevo, maracatu, vatapá, tutu de feijão e cuscuz. Seresta, repente e folheto de cordel.

Congada, reisado, bumba-meu-boi, boneca de pano, talha, mamulengo e colher de pau. Moringa e peneira. Carnaval e procissão. Benzimento, quebrante, simpatia e chá de ervas.

Alguns numa região, outros noutra, com sotaque italiano, japonês, alemão ou árabe, ou ainda de modo supostamente puro, tudo isso conhecemos muito bem e com tudo isso convivemos com grande familiaridade.

Entretanto, quando fazemos nossas teorias — para uso privado ou para serem divulgadas — tendemos a colocar juntas essas "coisas" que são, entre si, tão heterogêneas. Repudiamos, qualificando de ingênuo, de mau gosto, indigesto, ineficaz, errado, anacrônico ou, benevolentemente, pitoresco, tudo aquilo que identificamos com "povo".

Essa ambivalência em relação ao que é diferente e, especialmente, ao que é identificado com "povo", por parte daqueles que tomam para si e para os seus a tarefa de catequizar o resto da sociedade, não decorre apenas do desconhecimento da beleza, eficácia e adequação insuspeitadas do que lhes é culturalmente "alheio", Na verdade, essas atitudes contraditórias em relação à "cultura popular" resultam em grande medida do seguinte paradoxo.

Nas sociedades industriais, sobretudo nas capitalistas, o trabalho manual e o trabalho intelectual são pensados e vivenciados como realidades profundamente distintas e distantes uma da outra.

Reflitamos um minuto, por exemplo, sobre as diferenças sociais que há entre um engenheiro e um eletricista, ou entre um arquiteto e um mestre de obras.

Além da discrepância entre salários e ao lado das formações profissionais diversas, há um enorme desnível de prestígio e de poder entre essas profissões, decorrente da concepção generalizada em nossa sociedade de que o trabalho intelectual é superior ao manual.

Embora essa separação entre modalidades de trabalho tenha ocorrido num momento preciso da história e se aprofundado no capitalismo, como decorrência de sua organização interna, tudo se passa como se "fazer" fosse um ato naturalmente dissociado de "saber".

Essa dissociação entre "fazer" e "saber", embora a rigor falsa, é básica para a manutenção das classes sociais pois ela justifica que uns tenham poder sobre o labor de outros.

Certamente, esse processo está aqui descrito de modo muito simplificado. Mesmo assim, a descrição é útil para os nossos propósitos pois ela indica que, a partir dos lugares de onde se fala com autoridade na sociedade capitalista, o que é "popular" é necessariamente associado a "fazer" desprovido de "saber".

Chegamos aí ao nosso paradoxo. Pois é justamente manipulando repertórios de fragmentos de "coisas populares" que, em muitas sociedades, inclusive a nossa, expressa-se e reafirma-se simbolicamente a identidade da nação como um todo ou, quando muito, das regiões, encobrindo a diversidade e as desigualdades sociais efetivamente existentes no seu interior.

Por mais contraditório que possa parecer, são exatamente esses objetos e modos de pensar considerados simplórios, rudimentares, desajeitados e deselegantes os que reproduzimos religiosamente em nossas festas e comemorações nacionais. É, frequentemente, às chamadas "superstições populares" que recorremos em nossas aflições e para resolver o que, de outro modo, nos pareceria insolúvel.

Essa questão tem fortes ressonâncias políticas. [1] Ela evoca imediatamente, por exemplo, as estratégias populistas de controle da sociedade. Mas, para não perder o fio da meada, reflitamos um pouco mais sobre a ambivalência de que estamos falando, considerando agora o significado do termo "cultura popular", tal como ele frequentemente aparece no contexto da bibliografia especializada.

Na verdade, a maior parte do muito que já se escreveu sobre esse tema, sobretudo no Brasil, pode ser compreendido como tentativas, ainda que veladas, de resolver esse paradoxo.

---

(1) Almeida, M. W. B. (1978) e Fry, P. (1977), entre outros, refletem sobre essa questão de modo particularmente claro.

Um grande número de autores pensa a "cultura popular" como "folclore", ou seja, como um conjunto de objetos, práticas e concepções (sobretudo religiosas e estéticas) consideradas "tradicionais".

Esse ponto de vista, profundamente arraigado entre muitos e notáveis pesquisadores, é, também, parte importante das opiniões correntes em nossa sociedade já que, frequentemente, elas informam os livros didáticos e estão presentes nos museus e promoções oficiais de arte e cultura.

Alguns pesquisadores mais sofisticados concebem essas manifestações culturais "tradicionais" como resíduo da cultura "culta" de outras épocas (às vezes, de outros lugares), filtrada ao longo do tempo pelas sucessivas camadas da estratificação social. Nesse sentido, diz-se: "O povo é um clássico que sobrevive". [2]

Afirma, por exemplo, Câmara Cascudo, um dos mais competentes folcloristas brasileiros, referindo-se ao modo de vida do sertão nordestino, no prefácio ao famoso Vaqueiros e Cantadores,[3] "a culinária se mantinha fiel ao século XVIII".

A indumentária lembra um museu retrospectivo. "As orações fortes, os hábitos sociais, as festas da tradição, as conversas, as superstições, tudo era o Passado inarredável,

---

(2) Claudio Basto (1886-1945) apud Câmara Cascudo, L. (1967, p.18).

(3) Câmara Cascudo, L. (1939).

completo, no presente".

Essa preocupação em fixar no tempo ocorre, frequentemente, ao lado de um esforço em localizar no espaço a origem e vigência plena desses fragmentos de festas, danças, estórias, culinária, etc., em geral mal alinhavados pelo esforço globalizante dos pesquisadores e colecionadores.

Nas exposições ou museus de cultura popular, por exemplo, quase sempre se representam os países como mosaicos de regiões estanques, internamente homogêneas, como se as fronteiras administrativas e a variação ecológica correspondessem estritamente — e "causassem" — a diversidade cultural no interior da nação.

Os procedimentos de pesquisa coerentes com essa perspectiva são, consequentemente, a simples listagem e classificação de objetos, textos e práticas selecionados segundo o critério de "tradição", associados ao levantamento de informações sobre a sua origem e trajetória no tempo e no espaço.

Pensar a "cultura popular" como sinônimo de "tradição" é reafirmar constantemente a ideia de que a sua Idade de Ouro deu-se no passado. Em consequência disso, as sucessivas modificações por que necessariamente passaram esses objetos, concepções e práticas não podem ser compreendidas, senão como deturpadoras ou empobrecedoras. Aquilo que se considera como tendo tido vigência plena no passado só pode ser interpretado, no presente, como curiosidade.

Desse ponto de vista, a "cultura popular" surge como uma "outra" cultura que, por contraste ao saber culto dominante, apresenta-se como "totalidade" embora sendo, na verdade, construída através da justaposição de elementos residuais e fragmentários considerados resistentes a um processo "natural" de deterioração. Justificam-se, portanto, aos olhos desses teóricos, as tarefas de seleção, organização e reconstrução da "cultura popular" que os ocupantes dos lugares de poder da sociedade atribuem a si próprios.

Como que num exorcismo, esses fragmentos que teimam em emergir aqui e ali, em momentos cruciais de nossa vida, são deslocados para o passado e para outros lugares. O que é identificado e escolhido como elemento constitutivo das tradições nacionais é recriado segundo os moldes ditados pelas elites cultas e, com nova roupagem, desenvolvido, digerido e devolvido a todos os cidadãos.

Esses procedimentos podem ser compreendidos como parte de uma ginástica mental através da qual se procura solucionar um impasse que é da mesma natureza daquele que esboçamos no início deste capítulo, ou seja: como aceitar a recorrência e a força simbólica dos modos "populares" de expressão, sem comprometer a supremacia do saber das elites cultas? Essa tentativa, entretanto, é em vão: o impasse é insolúvel. Senão, vejamos.

Procurando-se "reproduzir" objetos e práticas supostamente

cristalizados no tempo e no espaço, acaba-se por "produzir" versões modificadas, no mais das vezes esquemáticas, estereotipadas e, sobretudo, inverossímeis (aos olhos dos produtores originais) dos eventos culturais com os quais se pretende constituir o patrimônio de todos. Embora se procure ser fiel à "tradição", ao "passado", é impossível deixar de agregar novos significados e conotações ao que se tenta reconstituir. Isso é inevitável, porque a própria reconstituição é informada por e é parte de uma reflexão sobre a história da cultura e da arte que, em grande medida, escapa aos produtores "populares" da cultura.

Exemplo flagrante disso são os inúmeros grupos artísticos, em geral patrocinados por órgãos de Estado, que recriam em palcos do mundo todo músicas e danças "populares".

A produção empresarial da arte "popular" — qualquer que seja a orientação ideológica e política de seus responsáveis — retira-lhe duas dimensões sociais fundamentais. Alterando data, local de apresentação e a própria organização do grupo artístico, ela transforma em produto terminal, evento isolado ou coisa, aquilo que, em seu contexto de ocorrência, é o ponto culminante de um processo que parte de um grupo social e a ele retorna, sendo indissociável da vida desse grupo. Os gestos, movimentos e palavras, em que pese todo o aperfeiçoamento técnico possível, tendem a perder o seu significado primordial. Eles deixam de ser signos de uma determinada cultura para se tornarem "representações" que "outros" se fazem dela.

Através de um esforço realizado, em geral, em nome da estética e da didática, "enxugam-se" os eventos artísticos denominados "populares" de características consideradas inadequadas ou desnecessárias, sob o pretexto de revelar-lhes mais claramente a estrutura subjacente.

O resultado de procedimentos dessa natureza, entretanto, é o de "higienizar" esses eventos, ocultando os seus aspectos de pobreza, o seu caráter tosco e, aos olhos de muitos, grosseiro. Essas são reconstituições que o "saber" e o "gosto" cultos das elites podem abarcar. Mas, ao mesmo tempo, elas deixam de ser algo em que o seu "outro", indomesticável, possa reconhecer-se.

Ao se produzir o espetáculo, cortam-se as raízes do que, na verdade, é festa, é expressão de vida, sonho e liberdade. Vida que recusa identificar-se com as imagens fixas que o espelho "culto" permite refletir e que grande maioria dos museus cultua.

Em resumo, meu argumento neste capítulo é o seguinte. Parecem-me equivocadas as concepções, amplamente difundidas, tanto entre leigos, quanto entre muitos especialistas, que podem ser condensadas nas seguintes frases: "o povo não tem cultura", ou "a cultura popular são as nossas tradições".

Quem é o povo de quem se fala? A expressão "cultura

popular", nos dois usos analisados neste capítulo, implica em visões valorativas (negativas) dessa categoria social. Ela se refere, por um lado, a "povo-massa" (em contraposição a "elite", pensando neste caso como suporte de um não saber. Por outro, como constituindo o espaço social onde se preservam (deturpam) as tradições nacionais.

É evidente o caráter autocentrado, para não dizer etnocêntrico e autoritário, dessas duas concepções. Nenhuma delas é capaz de compreender como possível e viável o que está fora dos seus próprios limites de racionalidade. Ambas são concepções que não se sustentam como objetivas.

Por outro lado, essas maneiras de pensar a cultura pressupõem ou que ela seja passível de cristalização, permanecendo imutável no tempo, a despeito das mudanças que ocorrem na sociedade, ou, quando muito, que ela esteja em eterno "desaparecimento". Como sugerem os nossos exemplos, cultura é um processo dinâmico; transformações (positivas) ocorrem, mesmo quando intencionalmente se visa congelar o tradicional para impedir a sua "deterioração". É possível preservar os objetos, os gestos, as palavras, os movimentos, as características plásticas exteriores, mas não se consegue evitar a mudança de significado que ocorre no momento em que se altera o contexto em que os eventos culturais são produzidos.

Para que se entenda isso, é preciso que se pense a cultura no plural e no presente e que se parta de uma concepção não normativa e dinâmica. Explicitar esse modo de compreender "cultura" será a nossa tarefa no próximo capítulo, ainda que ao preço de desmancharmos esse objeto ilusório que Antonio Gramsci tão expressivamente denominou, nas suas "Observações sobre o Folclore" (1935), de "aglomerado indigesto de fragmentos". [4]

(4) Gramsci, A. (1935).

AS CULTURAS AQUI E AGORA, MÚLTIPLAS E EM CONSTANTE TRANSFORMAÇÃO

Procurarei explicitar e desenvolver agora alguns pressupostos do argumento apresentado no capítulo anterior. Isto nos levará a fazer uma digressão sobre o conceito antropológico de cultura (sem adjetivos), antes de darmos prosseguimento à reflexão sobre o tema específico deste trabalho.

Antes de mais nada, entretanto, convém frisar desde já que, nesse trajeto, trataremos de três conjuntos de problemas que, a rigor, foram colocados em contextos teóricos diversos. Procurando evitar os descaminhos do ecletismo, tratarei cada um deles nos termos de seus contextos teóricos específicos. Mas, ao mesmo tempo, procurando articular os fios de um raciocínio a meu ver coerente, procurarei mostrar a sua complementaridade no desvendamento de um mesmo problema geral.

Dados as dimensões e objetivos deste trabalho, não cabe refletir aqui de modo exaustivo sobre as múltiplas dimensões do conceito de cultura. Para uma introdução geral mais detalhada sugiro as "Indicações para Leitura", apresentadas no final deste volume.

Em estudo publicado originalmente pela Universidade de Harvard (EUA) em 1952, intitulado "Culture, a critical review of concepts and definitions", os antropólogos Kroeber e Kluckhohn apresentam os resultados de um levantamento exaustivo das várias acepções do conceito de "cultura", tal como ele vinha sendo empregado e definido em sua disciplina, até aquela data. [5]

Esse levantamento mostra que, embora diferentes autores atribuam diferentes pesos às múltiplas dimensões desse conceito, eles em geral concordam que um de seus aspectos mais importantes é o da "significação". Dizem eles: "significação e valores são da essência da organização da cultura. É verdade que o empenho do homem está dirigido para fins; mas esses

---

(5) Kroeber e Kluckhohn (1952).

fins são moldados pelos valores da cultura; e os valores são sentidos como intrínsecos, não como meios. E os valores são variáveis e relativos, não predeterminados e eternos, embora certos universais da biologia e da vida social humanas pareçam ter gerado algumas constantes, ou quaseeconstantes, que atravessam as diferenças culturais". [6]

Evidentemente, nos trinta anos que se seguiram a esse levantamento, o estudo da cultura passou por grandes transformações, sobretudo através da obra de C. Lévi-Strauss, cujas contribuições à Antropologia Social se impuseram principalmente na área da "significação". [7]

Esse é o primeiro tema que tratarei neste capítulo.

A cultura significa

O ponto de partida usual do trabalho do antropólogo é a observação direta de indivíduos se comportando face a outros indivíduos e em relação à natureza.

As pessoas falam umas com as outras, gesticulam, movimentam-se de determinadas maneiras, ocupam certos espaços e evitam outros, trocam com seus parceiros e participam de conflitos, desenvolvem suas atividades sexuais e de subsistência. A observação, prolongada e teoricamente treinada,

(6) op. cit., p. 338-9.
(7) Lévi-Strauss, C. (1952 e 1960).

desses e outros comportamentos e atividades, permite detectar regularidades.

Embora o equipamento biológico dos homens seja idêntico em toda parte, inclusive a despeito das chamadas "diferenças raciais", essas regularidades variam de um grupo social para outro; variam mesmo as atividades que atendem às necessidades fisiológicas do homem, tais como o provimento da alimentação, do abrigo e do sexo. Evidentemente, atendendo a restrições de ordem pragmática, os vários grupos interpretam diferentemente o utilitário e o materializam segundo as suas múltiplas linguagens e concepções de mundo.

Essa diversidade, que se desenvolve em processos históricos múltiplos, é o lugar privilegiado da "cultura" uma vez que, sendo em grande medida arbitrária e convencional, ela constitui os diversos núcleos de identidade dos vários agrupamentos humanos, ao mesmo tempo que os diferencia uns dos outros. Pertencer a um grupo social implica, basicamente, em compartilhar um modo específico de comportar-se em relação aos outros homens e à natureza.

Frequentemente em contato com sociedades estranhas à sua própria, cabe ao antropólogo penetrar as fronteiras de outras culturas e interpretar o significado dos comportamentos e atividades observados, nos termos particulares dessas sociedades e conforme os seus critérios de racionalidade e normalidade. "Situar-se" nesses grupos, é o que afirma, a esse respeito, C. Geertz, para quem a busca do antropólogo implica muito mais em "conversar" com os nativos desses grupos do que simplesmente "falar".[8]

Nesse contexto, compreender que "a cultura significa" é mais fácil do que, talvez, pareça à primeira vista. Na verdade, realizamos constantemente, no dia a dia, operações mentais de codificação e decodificação de mensagens que requerem o conhecimento desses significados implícitos nas ações e nos objetos, e de suas regras de manuseio. Diferentemente do antropólogo, entretanto, operamos basicamente com os códigos de nossa própria cultura, ou a partir deles.

Para tornar essas ideias um pouco mais claras e palpáveis, reflitamos com um exemplo corriqueiro, retirado de nossa experiência cotidiana. Pensemos, por exemplo, sobre as roupas com que as pessoas do sexo masculino cobrem e ornamentam o seu corpo. Logo nos damos conta de que construímos com elas um grande número de afirmações simbólicas, sociologicamente significativas.

Entre nós, os homens, via de regra, usam paletó e gravata em ocasiões formais. Às vezes, o paletó esporte é permitido, às vezes convém mais o terno completo e, nas ocasiões de gala, são mais apropriados o fraque ou smoking. Para o trabalho, se paletó, gravata são adequados ao pessoal de escritório,

---

[8] C. Geertz (1973, p. 23-4).

sobretudo para gerentes, diretores e chefes, nas oficinas, linhas de montagem e para os serviços de limpeza e manutenção usam-se em geral, macacões. Por outro lado, é inesperado encontrar um homem em sua casa, repousando da Jornada de trabalho, vestido de paletó e gravata e mais comum encontrá-lo em mangas de camisa.

Embora a funcionalidade do traje seja um elemento de 'sua concepção, sobretudo na esfera do trabalho onde predomina, em nossa sociedade, o princípio de rendimento máximo, não é a sua utilidade pratica o que mais interessa ao estudioso da cultura. Para ele, a questão principal não é a adequação técnica de um objeto ou comportamento a determinados fins (a não ser quando este e um critério de valorização do próprio grupo estudado, como ocorre entre nós). A questão a ser enfrentada é que, em um dado meio cultural eles possuem significação simbólica, ou seja: eles carregam fragmentos de um código com o qual se constroem afirmações metafóricas a respeito das relações sociais vigentes. Analisemos o exemplo.

Os trajes enumerados, próprios ao contexto do trabalho, indicam que, em nossa cultura marcamos com dois tipos diferentes de roupa duas atividades para nós distintas. "Paletó e gravata" são associados a atividades de planejamento e coordenação, enquanto o "macacão" indica atividades manuais. Desse modo, se encontrarmos numa oficina mecânica um homem vestido de macacão e outro de paletó e gravata nos dirigiremos ao primeiro — e não ao segundo — se estivermos buscando o mecânico. Nesse sentido, dizemos que a roupa constitui uma afirmação simbólica acerca dos seus status respectivos. Outro exemplo são os uniformes escolares e militares, cujos vários modelos indicam, com clareza, os sistemas de status e as hierarquias.

Mas há outros significados implícitos em nosso exemplo. Levemos a análise um pouco mais adiante.

"Paletó e gravata" estão também associados, para nós, a cerimônias religiosas, a comemorações, ou seja, a ocasiões especiais, diferenciadas do dia a dia, que requerem recato, respeito, enfim, atitudes de contenção, que se expressam através de postura corporal contida, tom de voz baixo, uma determinada retórica, etc.

A ocorrência desse item do vestuário masculino nesses dois contextos (trabalho e vida cerimonial) permite a condensação dos significados pertinentes a cada um deles, de tal modo que ele passa a indicar, simbolicamente, não só as diferenças de status entre gerente e trabalhador manual como também afirma (provocando as atitudes correspondentes de recato e respeito) a superioridade hierárquica do primeiro sobre o segundo, no contexto das relações sociais dentro de uma empresa.

O exemplo ilustra algumas ideias que, embora formuladas

de modo incompleto neste ensaio, convém reter antes de dar prosseguimento à nossa reflexão: [9]

1. Os elementos culturais nada significam individualmente. Não faz parte da essência do "paletó e gravata" significarem "superioridade, formalidade". Eles ganham esses significados em decorrência dos contrastes significativos que construímos enquanto participantes de um mesmo grupo social (superior/inferior; formal/informal; etc.) e que sinalizamos por meio de conjuntos de elementos que convencionamos permutar em um mesmo contexto (no exemplo, paletó e gravata/macacão).

2. O significado é função do contexto de ocorrência: em diferentes contextos (trabalho/vida cerimonial), um mesmo item cultural possui significados diversos (chefia/respeito).

3. Um mesmo objeto condensa significados próprios a diferentes contextos. Agregando-se duas ou mais afirmações simbólicas, pode-se produzir uma terceira. De acordo com o exemplo: (a) no contexto da vida cerimonial, "paletó e gravata" significam "respeito", (b) no contexto do trabalho identificam chefes e diretores e (c) condensando, "paletó e gravata" significam "respeito ao chefe".

4. Em consequência, os significados culturais não são compreendidos através da contemplação passiva do objeto

---

(9) Para uma apresentação mais detalhada, E. R. Leach (1970 e 1976).

As formas de ornamentação do corpo, próprias de outras culturas, perdem, entre nós, a sua inteligibilidade original, ou seja, sua capacidade de explicitarem simbolicamente as diferenças e desigualdades sociais existentes nos grupos que ocorrem, ganham novos significados, marcando a distinção global nós (civilizados) eles (exóticos, selvagens).

significante, mas com referência ao universo de significados próprio de cada grupo social. Por exemplo, as formas de ornamentação do corpo próprias de outras culturas perdem, entre nós, a sua inteligibilidade original, ou seja, sua capacidade de explicitarem simbolicamente as diferenças e desigualdades sociais existentes nos grupos em que ocorrem. Ao mesmo tempo, elas podem ganhar novos significados, seja marcando a distinção global nós (civilizados) eles (exóticos, selvagens), seja assimiladas nos nossos próprios sistemas de categorias sociais diferenciadas.

A esse respeito, lembro-me do incidente narrado nos *Tristes Trópicos*[10] que ocorreu durante uma visita de Lévi-Strauss aos índios Nambikwara, do Mato Grosso. Observando o antropólogo, que registrava por escrito as informações que coletava em seu trabalho de campo, um dos chefes de bando pediu-lhe lápis e um bloco de notas e, em lugar de responder oralmente às suas perguntas, foi traçando linhas sinuosas no papel, como se escrevesse. Mostrando ao pesquisador as suas "notas", o Nambikwara ia fazendo comentários verbais, o que tornava desnecessário qualquer pedido de esclarecimento de seu "leitor". Ficou estabelecido, desse modo, e implicitamente, o acordo tácito entre ambos de que aquela "escrita" possuía um sentido decifrável.

---

(10) Lévi-Stratuss, C. (1955, cap. 28).

Mais tarde, reunido a seu grupo e perante o antropólogo, o índio tirou de uma sacola uma folha de papel coberta de linhas tortuosas, que ele fingia ler, com hesitação afetada, anunciando publicamente a lista de objetos que o antropólogo deveria dar, em retribuição aos presentes que lhe haviam sido oferecidos. "Que esperava ele?" pergunta Lévi-Strauss. "Talvez enganar-se a si próprio; mas antes, surpreender seus companheiros, persuadi-los de que as mercadorias passavam por seu intermédio, que ele havia obtido a aliança do branco e que participava dos segredos deste". Ou seja, desse modo, o Nambikwara incorporava a escrita, mas em vista de um fim sociológico, mais do que intelectual, fazendo crescer o seu prestígio e legitimidade como chefe. [11]

Não fosse por referência à estrutura política e à chefia, tal como elas são definidas pelos Nambikwara, esse evento provavelmente não teria significado para o observador mais do que uma macaquice infantil do "bom selvagem"!

Convém frisar, aqui, que os significados implícitos de que estamos tratando não estão presentes apenas nos objetos. Eles são constituintes mesmo de esferas da vida social que, à primeira vista, podem parecer distanciadas do simbólico. Tomemos a economia como exemplo. Na verdade, a produção quanto da determinação de o quê e quanto produzir, possui

---

(11) Lévi-Stratuss, C. (1955, cap. 29).

econômica, tanto do ponto de vista das técnicas de trabalho marcos culturais, já que o uso (ou consumo) é função de escolhas feitas a partir de uma codificação que é cultural.[12]

Em se tratando de vida social, a cultura (significação) está em toda parte. Todas as nossas ações, seja na esfera do trabalho, das relações conjugais, da produção econômica ou artística, do sexo, da religião, das formas de dominação e de solidariedade, tudo nas sociedades humanas é constituído segundo os códigos e as convenções simbólicas a que denominamos "cultura".

Desse modo, interpretar o significado das culturas implica em reconstituir, em sua totalidade, o modo como os grupos se representam as relações sociais que os definem enquanto tais, na sua estruturação interna e nas suas relações com outros grupos e com a natureza, nos termos e a partir dos critérios de racional idade desse grupo.

De uma linguagem, a múltiplas falas

Sem perder de vista que a cultura é constituída de sistemas de símbolos que articulam significados, convém dirigir agora a nossa atenção a um outro aspecto do problema, complementar ao desenvolvido anteriormente.

---

(12) Consultar a esse respeito M. Sahlins (1976).

Para compreender a questão da "cultura popular", tal como a estamos colocando neste livro, convém pensar em termos de uma perspectiva de análise que, embora se valendo da semiologia, não restringe o estudo da cultura ao conhecimento das sutilezas e complexidade da estrutura desses sistemas de comunicação simbólica e de suas regras de operação.

Em lugar de tomar esses símbolos abstratamente, como se eles estivessem vagando no vazio, convém, para os nossos propósitos, interpretá-los como produtos de homens reais, que articulam, em situações particulares, pontos de vista a respeito de problemas colocados pela estrutura de sua sociedade.

Esta postura nos convida a compreender de que modo, a partir de uma linguagem muitas vezes comum a todos os membros de um grupo social diferenciado, expressam-se compreensões variadas e às vezes conflitantes acerca de questões sociais fundamentais. Ou seja, transparece, nesse modo de interpretar a cultura, entre uma "língua" e as suas múltiplas "falas", não as possibilidades lógicas e abstratas de um sistema de comunicação, gerador de infinitas mensagens a partir de um conjunto finito de regras, mas a articulação de pontos de vista de grupos que possuem interesses políticos diversos e muitas vezes divergentes.

O ponto de partida dessas concepções — hoje solidamente estabelecidas na Antropologia Social, sobretudo na sua vertente britânica — encontra-se em B. Malinowski, autor cuja obra revolucionou essa disciplina nos anos 1920 e 1930. Retrocedamos no tempo, portanto, e vejamos, ainda que rapidamente, de que modo este ponto de vista se configurou.

A sua teoria opõe-se frontalmente às concepções evolucionistas e difusionistas que colocavam num tempo passado ou num local distante, através de raciocínios altamente conjecturais, os fatos culturais identificados com os chamados "povos primitivos". Para esse autor, qualquer objeto, costume, ação ou símbolo deve ser estudado em relação ao contexto da vida social do grupo onde ocorre e observado diretamente pelo pesquisador de campo.

Por exemplo, o sexo. Em uma de suas monografias ele desenvolve o argumento de que "o amor, as aproximações sexuais, o erotismo, combinados com a magia do amor, são apenas parte dos modos costumeiros de corte nas ilhas Trobriandesas. A corte, por sua vez, é uma fase preparatória do casamento e o casamento apenas um lado da vida familiar. A família, ela própria, ramifica-se no clã nas relações entre parentelas matrilineares e patriarcais; e todos esses assuntos, tão intimamente envolvidos uns nos outros, constituem realmente um grande sistema de parentesco, um sistema que controla as relações sociais dos membros da tribo entre si, domina a sua economia, penetra a sua magia e mitologia e entra em sua religião e mesmo em suas produções artísticas

(*The sexual life of the savages*).[13]

Do mesmo modo, a linguagem verbal, os mitos e os contos são pensados como estando integrados às atividades de caça, pesca, lavoura, aos jogos, guerra e cerimônias trobriandesas. Eles são vistos como parte integrante da ação social, tornando-se inteligíveis apenas com referência aos contextos globais onde ocorrem.

A possibilidade de delimitar, reconstituir e interpretar os processos sociais e os itens culturais não a partir de critérios abstratos e gerais, produzidos pela visão de mundo do observador, mas com critérios inferidos a partir da realidade estudada, encontra-se justamente no conceito malinowskiano de "instituição social". Este é compreendido como unidade concreta de comportamento organizado, implicando um sistema de atividades intencionais, desenvolvidas por grupos de pessoas organizadas segundo princípios de autoridade, divisão de atribuições e distribuição de privilégios e deveres, e baseadas em habilidades, normas e preceitos éticos. Assim, uma "instituição" possui uma estrutura e é, ao mesmo tempo, uma unidade concreta de atividade social que, embora não sendo diretamente observável, pode ser reconstituída pelo observador a partir das regularidades de comportamento

---

(13) B. Malinowski (1929, p. XX)

observadas e a partir da determinação de sua função.[14]

Nesse sentido, por exemplo, analisando um complexo sistema de troca intertribal, num trabalho hoje clássico, intitulado *Argonautas do Pacífico Ocidental*,[15] Malinowski pode demonstrar a inadequação de uma visão sociológica "de fora" que, tendendo a reduzir esse sistema a uma função predominantemente econômica, deixa de compreender a natureza cerimonial da troca, que é o seu aspecto fundamental do ponto de vista nativo. É esta constatação que permite integrar um enorme conjunto de atividades, objetos, regulamentações, cerimônias e corpo de conhecimento, abarcados pelo termo trobriandês "kula", que, de outro modo, seriam incompreensíveis.

Se uma das grandes contribuições deste autor foi trazer a cultura para o interior de atividades concretas, organizadas, desenvolvidas por atores sociais reais, abandonando assim conceitos metafísicos tais como "consciência coletiva" ou "mentalidade primitiva", seu esforço de vê-la como conjunto de costumes coerentes, necessariamente integrado, foi objeto de severas críticas.

E. R. Leach, autor que compartilha com Malinowski a concepção de que os detalhes da cultura precisam ser vistos sempre em seu contexto e como partes inter-relacionadas é,

(14) Uma avaliação crítica mais exaustiva da obra de B. Malinowski encontra-se em E. Durham (1978).

(15) B. Malinowski (1922).

sob outros pontos de vista, um de seus mais severos críticos. Estudando um grupo localizado na Birmânia, ele argumenta no sentido de mostrar que existem contradições e incoerências no conjunto de mitos coletados em sua pesquisa de campo que seria incorreto reconstituí-los como se formassem uma totalidade única e necessariamente coerente, através da seleção de versões que pudessem ser consideradas mais "corretas" do que outras.

Para ele, as incoerências e contradições atestadas pela observação são de fundamental importância pois elas revelam que, a partir de um repertório de signos, símbolos e regras sociais, em relação ao qual há acordo entre os membros de uma comunidade diferentes ideias e pontos de vista conflitantes podem ser articulados por diferentes atores sociais.

Num linguajar que relembra fortemente Malinowski, afirma Leach: "os Kachins contam as suas tradições em ocasiões fixas, para acompanhar uma atuação religiosa. Contar histórias, portanto, tem um propósito: serve para validar o status do indivíduo que conta (...) Mas, se o status de um indivíduo é validado, isto quase sempre significa que o de algum outro é denegrido" (*Political systems of Highland Burma*, p. 265). [16]

Em resumo, então, demolida a concepção de cultura

---

(16) E. R. Leach (1954, pp. 265-6).

como colcha de retalhos, própria dos difusionistas e evolucionistas, e estabelecida a tese de que ela é constituída por sistemas de significados que são parte integrante da ação social organizada, recupera-se a noção de que, mesmo em sociedades relativamente homogêneas, os sistemas culturais comportam incoerências. São essas ambiguidades que permitem, justamente, a articulação do desacordo nos termos de e com os elementos próprios a um mesmo e único sistema simbólico.

Consequentemente, no deciframento dos símbolos culturais proposto na primeira parte deste capítulo, não se deve buscar apenas o mapeamento social subjacente às ações observadas mas sim as compreensões variadas e, às vezes, conflitantes que diferentes segmentos de um grupo articulam na própria ação.

Nesse sentido, os eventos culturais deixam de ser considerados objetos de avaliação estética ou moral, ou mesmo manifestações parciais das possibilidades teóricas de uma "gramática" social, para serem interpretados como realizações efetivamente possíveis de sistemas simbólicos em situações específicas.

Surge, assim, entre a cultura (como sistema simbólico reconstituído) e os símbolos articulados em atividades concretas, a mediação do entrejogo de interesses políticos divergentes de segmentos sociais que frequentemente, nas sociedades complexas, possuem acesso diferenciado aos meios e recursos necessários à sua expressão.

Este é, a meu ver, o contexto teórico mais global no qual pode-se pensar adequadamente a cultura como produto.[17] Além disso, é esse o quadro social que a um só tempo gera as diferentes versões de um mesmo "evento" cultural e determina os limites de sua variação, dando sentido a cada uma delas e ao seu conjunto. [18]

A ilusão de homogeneidade

Na maior parte das sociedades estudadas por antropólogos — as chamadas "simples" ou "de pequena escala" — são bastante semelhantes às condições materiais de existência de seus membros, assim como são relativamente reduzidas as possibilidades de diferenciação social previstas por sua estrutura. Entre povos coletores e caçadores, por exemplo, a divisão do trabalho faz-se a partir de distinções de sexo e idade, não havendo especialização de subgrupos em torno de atividades específicas e havendo correspondência quase que estrita entre unidades de produção e de consumo. A condição de "chefe", por sua vez, é legitimada mais através do reconhecimento de uma superioridade moral do que pela

(17) E. R. Durham (19771, desenvolve mais longamente esta perspectiva.
(18) A. A. Arantes (1978).

autoridade implementada juridicamente, como ocorre entre nós. Assim, os seus membros participam de modo integral e igualitário dos diferentes domínios da vida social, o que propicia a constituição de culturas pouco diferenciadas.

A diferenciação das condições materiais de existência no interior de uma sociedade, entretanto, propicia a formação de subgrupos especializados e acarreta a produção dos conteúdos culturais constitutivos da especificidade "de cada um deles, frente aos demais. Lembremo-nos, por exemplo, das castas indianas ou mesmo dos subgrupos profissionais que se desenvolveram nas sociedades industrializadas, a partir da produção artesanal e manufatureira.

Na verdade, desde que a sociedade como um todo esteja articulada econômica e politicamente de modo a permitir um relativo isolamento e autonomia de seus segmentos constitutivos, os diversos subgrupos podem desenvolver modos de vida relativamente independentes e as suas culturas podem ser compreendidas como sistemas de ação e representação relativamente autocontidos, contrastados entre si e interdependentes em termos funcionais. É este, por exemplo, o caso das comunidades de imigrantes alemães e italianos no sul do Brasil, que se mantiveram relativamente autônomos da sociedade nacional até o Estado Novo, com suas línguas, suas escolas e suas formas de vida próprias, embora participassem de um conjunto de relações bastante complexo com o sistema socioeconômico e cultural regional.

Entretanto, quando os segmentos constitutivos de uma sociedade são articulados econômica e politicamente de modo mais centralizado, ou seja, quando alguns deles passam a exercer efetivamente controle moral e político sobre os demais, emergem processos culturais tendencialmente homogeneizadores, cuja compreensão coloca novos problemas ao estudo da cultura.

Esta questão foi desenvolvida num trabalho extremamente frutífero de Eunice R. Durham, do qual retiro a seguinte citação: "Na medida em que a cultura de massa constitui uma tendência homogeneizadora que se sobrepõe às diferenças reais, fundadas numa distribuição desigual do trabalho, da riqueza e do poder e se processa, portanto, no nível exclusivamente simbólico todo o problema da dinâmica cultural se projeta na esfera das ideologias e tem que levar em consideração o seu significado político" (*A dinâmica cultural na sociedade moderna*). [19]

Refletindo sobre a nossa sociedade, sobressaem a esse respeito, de imediato, a indústria cultural e as políticas culturais oficiais. Realmente, através desses e outros mecanismos socialmente bastante arraigados embora imediatamente pouco visíveis (ex. a família, a formação profissional, etc.), padrões

---

(19) E.R. Durham (op.cit.,p.35).

cognitivos, estéticos e éticos, produzidos por especialistas e do interesse das classes dominantes são difundidos por toda a sociedade.

Através desses mecanismos, procura-se criar a "ilusão" de homogeneidade sobre um corpo social que, na realidade, é diferenciado. Estamos, aqui, no campo do conceito marxista de "ideologia" que, no fundamental, está exposto de modo muito claro por Marilena Chauí no livro desta série intitulado *O que é ideologia*. Desse trabalho, retiro a seguinte citação: "a ideologia consiste precisamente na transformação das ideias da classe dominante em ideias dominantes para a sociedade como um todo, de modo que a classe que domina no plano material (econômico, social e político), também domina no plano espiritual (das ideias)".[20]

Sem pretender sugerir uma interpretação otimista dessa questão, em que se minimizaria a eficácia desses mecanismos culturalmente homogeneizadores, apresentarei, para finalizar esta reflexão, uma situação que pude observar diretamente e parece problematizá-la no seguinte sentido.

Compartilhando o ponto de vista de Eunice R. Durham, apresentado no trabalho citado anteriormente, a meu ver, se a sociedade de classes, inerentemente diferenciada, produz mecanismos "homogeneizadores" que permitem criar para si

(20) M. Chauí (1980, a; pp. 93-4).

mesma uma "ilusão" de unidade (que é a condição de sua permanência), ela possui, em suas raízes, uma heterogeneidade real que é resistente a esses mecanismos.

É, a meu ver, "resistente" em, pelo menos, dois sentidos. Em primeiro lugar porque, interpretando diferentemente um mesmo conjunto de símbolos, reproduzem-se metaforicamente as diferenças que realmente existem e continuam sendo objetivamente reproduzidas. E, em segundo, porque, a partir da reinterpretação de um mesmo material simbólico (portanto, no interior de um campo cultural relativamente homogêneo), recriam-se formas de sociabilidade, modos de organização e expressam-se interesses que podem se contrapor aos padrões e interesses dominantes.

Tomemos o nosso caso concreto, transportando-se ao Museu do Ipiranga, na cidade de São Paulo, num domingo à tarde.

Pálida réplica de edificações monumentais europeias do século passado, ao edifício principal certamente se aplica o comentário feito por C. Lévi-Strauss (*Tristes Trópicos*) à cidade de São Paulo na década de 1930: "Os edifícios do centro eram pomposos e fora de moda. A indigência pretenciosa de sua ornamentação ainda era agravada pela pobreza das fundações, paredes e teto: as estátuas e guirlandas não eram de pedras mas de massa, grosseiramente pintada de amarelo, simulando pátina".[21]

(21) C. Lévi-Strauss (1955, p. 108).

Da maior solidez dos modelos europeus, provavelmente, tem consciência a fração da alta sociedade paulistana cuja história os signos depositados nesse museu simbolicamente reconstroem. Estando na periferia de um sistema internacional que escapa ao seu controle, é justamente nos museus metropolitanos que ela procura, em vão, refletir-se. Mas tal como os mexicanos de quem fala Octávio Paz, frente ao seu Museu de Antropologia,[22] entretanto nos "espelhos" da Europa ela não reconhece a sua própria imagem, mas adora o mito da "civilização europeia" que a esmaga.

Em seu próprio território, reproduzindo em seus monumentos os padrões "obrigatórios" do modelo europeu, os setores enriquecidos e mais influentes da sociedade local reconstroem simbolicamente o seu passado, buscando legitimar-se, no presente, como protagonistas, representantes e porta-vozes da história de todos nós.

Com efeito, são levados constantemente a visitas gratuitas e obrigatórias ao Museu os nossos estudantes de primeiro e segundo grau que, a título de aprenderem história, devem lá prestar a sua homenagem aos "Grandes Homens da Pátria".

Entretanto, não obstante o esforço dos educadores, parece ser pequeno o interesse da maior parte dos que efetivamente frequentam o Museu nos fins de semana pelos objetos

---

(22) O. Paz (1971, p. 151).

e fragmentos que ele abriga.

Preferindo a sombra fresca das árvores e o aconchego dos arbustos, o "povão" transforma o jardim (que ali foi construído, certamente, como moldura nobre para enfatizar a monumental idade do edifício central do Museu) em agradável e descontraído parque de esportes e diversões.

Os lagos e cascatas são usados como piscinas, as rampas das escadarias como escorregadores, o gramado e arquibancadas (instalados originalmente para espetáculos de luz e som) como campo de futebol, e assim por diante. À sombra das árvores, casais se abraçam, grupos de amigos e famílias tomam seus lanches, ouvem música em rádios ou vitrolas à pilha, ou simplesmente relaxam o peso da dura semana de trabalho.

Este exemplo, embora apresentado de modo esquemático, ilustra bem algumas questões que se colocam quando procuramos compreender a heterogeneidade cultural na sociedade de classes.

A discrepância flagrante entre as concepções dos idealizadores e as dos usuários do Museu e do jardim que o circunda sugere, inicialmente, que sistemas simbólicos diversos estão presentes nessa situação.

Mas, o uso coletivo desse monumento, de modo diverso do previsto, não indica falta de entendimento, por parte do público, do significado das marcas e conotações simbólicas nele inscritas no momento de sua construção. Esse aprendizado faz parte da educação básica de todos nós.

Não é, evidentemente, o caso de se pensar em desinformação, deseducação ou selvageria do "povão", diante de um espaço consagrado ao culto de relíquias dos "ancestrais ilustres" dos dominantes.

Ocupando a seu modo esse monumento, os usuários o transformam simbolicamente, redefinindo as funções dos equipamentos existentes segundo as suas próprias necessidades e concepções.

E, ao fazerem isso, eles se apropriam, momentaneamente, de um espaço que é sagrado para os dirigentes e que, a rigor, não lhes pertence, recriando nele as suas próprias formas de sociabilidade. Revela-se nesse exemplo a força transformadora do uso efetivo, sobre as imposições restritivas dos regulamentos.

* * *

Após esta longa digressão teórica, convém explicitar sinteticamente os pontos fundamentais do argumento apresentado neste capítulo.

1. A cultura se constitui de signos e símbolos; ela é convencional, arbitrária e estruturada.

2. Ela é constitutiva da ação social sendo, portanto,

A apropriação popular dos espaços sagrados.

indissociável dela.

3. O significado é resultante da articulação, em contextos específicos, e na ação social, de conjuntos de símbolos e signos que integram sistemas.

4. Em consequência disso, os eventos culturais devem ser pensados como totalidades, cujos limites são definidos a partir de critérios internos às situações observadas.

5. Embora os símbolos culturais tenham existência coletiva, eles são passíveis de manipulação.

Articulam-se no interior de uma mesma cultura, concepções e interesses diferentes ou mesmo conflitantes.

6. Os eventos culturais não são "coisas" (objetos materiais ou não materiais) mas produtos significantes da atividade social de homens determinados, cujas condições históricas de produção, reprodução e transformação devem ser desvendadas.

7. Os eventos culturais articulam-se na esfera do político, no sentido mais amplo do termo, ou seja, no espaço das relações entre grupos e segmentos sociais. Assim sendo, o estudo das manifestações culturais deve detectar os constrangimentos que limitam a sua articulação efetiva e a sua transgressão e superação em situações concretas.

NA DIMENSÃO POLÍTICA DO "POPULAR", A QUESTÃO DA "PARTICIPAÇÃO"

Para completar o percurso traçado no primeiro capítulo retomemos, agora, o problema da "cultura popular" na sua vertente política.

No início dos anos 1960, essa foi uma das questões mais debatidas nos meios intelectuais e estudantis brasileiros, principalmente graças ao trabalho realizado pelo Centro Popular de Cultura, o chamado CPC da UNE. [23]

[23] *Arte em Revista* (São Paulo; Ed. Kairós) reúne em seus três primeiros números interessante material a respeito do trabalho desenvolvido pelo CPC. M. Berlinck (1978) reúne e comenta vários documentos e depoimentos de artistas e intelectuais ligados a esse grupo.

Tratava-se do seguinte. A arte (cultura) diretamente observável junto às camadas populares era considerada, para usar aqui um conceito muito em voga naquela época, "alienada". Vejamos o que isto significava para aquele grupo. Afirma o "Anteprojeto do Manifesto do CPC", [24] distinguindo, em uma primeira instância, arte (cultura) "do povo", de arte (cultura) "popular":

"O traço que melhor define (a arte do povo) é que, nela, o artista não se distingue da massa consumidora. Artistas e público vivem integrados no mesmo anonimato e o nível de elaboração artística é tão primário, que o ato de criar não vai além de um simples ordenar os dados mais patentes da consciência popular atrasada". A assim chamada arte do povo é caracterizada sempre pela negativa, por algum tipo de falta: ela é vista como "desprovida de qualidade artística", como "tentativa tosca e desajeitada de exprimir fatos triviais", é "ingênua", "retardatária", etc.

A chamada "arte popular", produzida por um grupo profissional de especialistas (indústria cultural), era vista, por outro lado, como "mais apurada e apresentando um grau de elaboração técnica superior à primeira". Não obstante, seu "objetivo supremo consiste em distrair o espectador em vez de formá-lo, entretê-lo e aturdi-lo, em vez de despertá-lo para

---

(24) Carlos Estevam Martins (1962), 1979, p. 72 ss.

a reflexão e a consciência de si mesmo. (...) Ela abre ao homem a porta para a salvação ao refugiá-lo numa existência utópica e num eu alheio ao seu eu concreto".

Assim, então, ambas possuem caráter ilusório e obscurecedor da realidade, pois expressam "o povo apenas em suas manifestações fenomênicas e não em sua essência".

Os artistas e intelectuais do CPC escolheram para si outro caminho, o da "arte popular revolucionária". Nas palavras de Ferreira Gullar,[25] ativo participante desse grupo:

"Quando se fala em cultura popular, acentua-se a necessidade de pôr a cultura a serviço do povo, isto é, dos interesses efetivos do país". Trata-se, então, de "agir sobre a cultura presente, procurando transformá-la, estendê-la, aprofundá-la. O que define a cultura popular (...) é a consciência de que a cultura tanto pode ser instrumento de conservação, como de transformação social."

"Para a jovem intelectual idade brasileira", continua ele, "O homem de cultura está também mergulhado nos problemas políticos e sociais, (...) assume ou não a responsabilidade social que lhe cabe. Ninguém está fora da briga."

"Cultura popular é, portanto, antes de mais nada, consciência revolucionária", "um tipo de ação sobre a realidade social".

(25) Ferreira Gullar (1963), 1980, p.83.

Carlos Estevam Martins, primeiro presidente do CPC, define mais explicitamente o tipo de atuação pretendido pelo grupo. "O CPC tinha em vista dar uma contribuição para que o homem do povo pudesse superar (...) as enormes desvantagens que ele enfrenta para adquirir uma consciência adequada de sua real situação no mundo em que vive e trabalha."[26]

Muito trabalho, e da maior seriedade, foi feito com esta inspiração, por artistas e intelectuais progressistas. Música, cinema, literatura, artes plásticas, teatro e ensaios sobre questões filosóficas, econômicas, políticas, culturais, no dizer de Paulo Dantas "tudo dentro do mais sadio espírito nacional e popular".[27]

Nos anos de fechamento político subsequentes a 1964, esses trabalhos foram severamente reprimidos e a questão ficou latente por mais ou menos dez anos, nos debates públicos.

A meu ver, em grande parte provocadas pela discussão proposta tanto pelo CPC quanto por outros movimentos políticos que se formaram na conjuntura pré-64, realizaram-se nesse meio tempo inúmeras pesquisas sociológicas e antropológicas a respeito de aspectos particulares da "cultura popular" (religiosidade, arte, vida familiar, formas de sociabilidade, educação, etc.).

(26) Carlos Estevam Martins, 1980, p. 82.
(27) Paulo Dantas, apud M. Berlinck (s/d).

A discussão política sobre esse tema ressurgiu nos debates intelectuais e políticos a partir da segunda metade dos anos 70, com formulações, implícita ou explicitamente, bastante críticas das concepções que serviram de base às concepções do CPC.[28]

Marilena Chauí, por exemplo, retoma frontalmente essa questão em suas "Notas sobre cultura popular" publicadas em Arte em Revista (n. 3).[29] Por um lado, ela critica nesse trabalho o "autoritarismo vanguardista e iluminado" identificado por ela na atuação do CPC, o qual justifica, a seu ver, "a suposição de que o 'povo fenomênico' não é capaz de, sozinho, seguir a linha 'correta', precisando de um front cultural, constituído por aqueles que 'optarem por ser povo', só que mais povo do que o povo". Por outro lado, contesta a postura intelectual correspondente, que admite a inteligibilidade total de uma sociedade "de ponta a ponta". "O mundo burguês é laico e profano" diz ela. "Desse mundo desencantado, os deuses se exilaram mas a razão conserva todos os traços de uma teologia escondida: saber transcendente e separado, exterior e anterior aos sujeitos sociais, reduzidos à condição

---

(28) É enorme a lista de resultados de pesquisa publicados nesse período, comercialmente ou de circulação restrita, e não cabe fazer, aqui, o seu balanço. A título de exemplo, cito os trabalhos mencionados na bibliografia como E. Valle e J. J. Queiroz (1979) e os artigos apresentados na Mesa Redonda "A dinâmica cultural na sociedade moderna", publicados em *Ensaios de opinião*, nº 4 (197).

(29) M. Chauí, 1980, b.

de objetos sociopolíticos manipuláveis (...) A racionalidade é o novo nome da providência divina. Talvez tenha chegado a hora da heresia: a ciência é o ópio do povo."

Como já deve ter ficado claro, a perspectiva apresentada por este nosso trabalho propõe que se projete o foco de atenção sobre o que as culturas efetivamente são, ou melhor, sobre como elas são produzidas, sobre os processos através dos quais elas se constituem e o que elas expressam, e não sobre o que elas foram, seriam ou deverão ser.

Como foi sugerido no final do capítulo anterior, esta postura reconhece o valor explicativo do conceito de ideologia para a compreensão dos processos culturais nas sociedades de classes. Ele ilumina, justamente, um processo cultural suigeneris que é o da luta pela construção de uma "ilusão necessária" de homogeneidade social, sobre uma realidade que é heterogênea e que se reproduz como tal.

Entretanto, como a cultura não é anterior à produção material da existência dos homens, nem lhe é posterior (como uma consequência fortuita), acredito ser nossa tarefa conhecer os processos através dos quais a sociedade, por assim dizer, deglute, digere, transforma essa "unidade ilusória", repondo o múltiplo, o diverso, o específico que constitui o núcleo de tensão de sua existência real.

Desenvolverei este tema a partir de algumas teses expostas anteriormente. Mas, em lugar de aprofundá-las teoricamente, chamarei atenção para o concreto, a partir de uma situação que pude observar em um bairro de periferia da cidade de São Paulo.

Tomarei o segmento da produção cultural identificado pelos moradores desse bairro como "artísticos" e "populares". Procurarei mostrar que ele faz parte de processos que se dão no interior de complexos sistemas de forças e instituições sociais que constituem o que se denomina "política local".

Assim, talvez sejamos capazes de, como diz C. Geertz no seu *As interpretações da cultura*,[30] dar uma forma doméstica a esses macroconceitos que assustam a todos (Poder, Opressão, Autoridade, etc.) e, refletindo com eles, mais do que sobre eles, contribuir para que o debate avance um pouco mais.

Antes, porém, de iniciar a análise, gostaria de acrescentar mais duas palavras de precisão teórica.

Como já vimos, toda e qualquer esfera da vida social presta-se ao estudo da cultura, "popular" ou outra. Apesar disso, é importante salientar que se constituiu entre os pesquisadores uma certa estereotipia no sentido de que a grande maioria dos estudos sobre "cultura popular" versa sobre atividades artísticas e/ou religiosas. Há uma razão para isso, entretanto. Na verdade, essas esferas da atividade social, entre

---

(30) C. Geertz, 1973, pp. 33-34.

outras (por exemplo, magia e feitiçaria), são estratégicas para o estudo da cultura, na medida em que são constituídas socialmente como instâncias de reflexão e ação simbólica por excelência.

Por outro lado, a delimitação das atividades a serem observadas pelo pesquisador passa a depender, na perspectiva de análise aqui adotada, da formulação de problemas específicos de investigação, mais do que da definição abstrata de um suposto "objeto global". São necessárias diversas precisões de tempo, lugar, grupo social, etc. Ela implica, além disso, o deslocamento do núcleo organizador do raciocínio, do domínio das teorias para o confronto (ou negociação) entre elas e as concepções e atividades de atores sociais concretos. Ela propõe o máximo de aproximação possível entre o "observador" e a vida quotidiana daqueles cuja cultura se quer estudar para, através de longa e profunda convivência, definir e delimitar, em diálogo com ela, os problemas a serem investigados.

Esse modo de ver as coisas impõe, à reflexão, um problema adicional. Não basta explicitar o objeto de estudo, pois coloca-se, também, a pergunta: quem é o povo de quem se fala?

Tal como a noção central tratada por este livro, "povo" é uma categoria bastante controvertida e carregada ideologicamente, mas eu prefiro deixar aos especialistas em Ciência

Política a sua discussão.

A produção artística de operários em São Paulo

Antiga vila próxima à capital paulista, a forma típica de ocupação da área onde fiz as observações que se seguem, até por volta de 1930, eram chácaras produtoras de frutas e verduras, associadas à produção de lenha e carvão, e pequenas olarias, localizadas ao longo do rio Tietê, único meio de acesso ao centro da cidade.

Com a aceleração dos processos de urbanização e industrialização em São Paulo, transformaram-se profundamente as condições de vida, o trabalho e as relações sociais nessa localidade. Acompanhando o crescimento da cidade, ela se constituiu menos enquanto espaço de ampliação do parque industrial do que como receptora de mão de obra migrante, principalmente a partir da década de 1950. Esta é, hoje, uma das muitas áreas do município com função predominantemente residencial, ocupada por população de baixa renda, constituída por um aglomerado de vilas e parques populares de surgimento recente e servidos por uma infraestrutura urbana precária.

As transformações provocadas por esse processo, no plano das relações sociais, fizeram-se sentir, também, no plano da cultura. No caso específico das artes, modificaram-se tanto as atividades desenvolvidas, quanto o modo pelo qual se organizavam, para a sua produção, os moradores da área.

De fato, antes do período de crescimento intenso essas atividades realizavam-se como parte integrante de festas de santos e folguedos, organizadas por festeiros, segundo os moldes rurais tradicionais.

Com a industrialização e urbanização, o quadro sociopolítico local começou a polarizar-se. De um lado, constituiu-se um setor em ascensão, relativamente articulado no plano político, composto principalmente de comerciantes e profissionais liberais, enriquecidos através da especulação imobiliária. De outro, trabalhadores manuais de origem migrante recente, sobretudo mineiros e nordestinos, ao qual se integraram os remanescentes proletariados dos antigos moradores "caipiras".

Neste processo, criaram-se, no bairro, diversas associações e agrupamentos informais, que constituíram o terreno onde esses segmentos passaram a disputar, entre outras coisas, o uso e controle dos espaços e equipamentos necessários à produção e organização das atividades artísticas e de lazer.

Essa disputa pode ser interpretada como a luta pela construção de mecanismos pelos quais o setor econômica e politicamente ascendente procurava legitimar-se perante os demais, no exercício da direção intelectual e moral da "comunidade" como um todo.

É este o pano de fundo da reflexão que apresentarei a seguir.

Nos relatos de velhos moradores, são constantes as referências a descrições de festas que se realizavam no amplo terreiro de uma velha igreja seiscentista, ainda hoje existente numa das principais praças do bairro.

No velho Pátio da Matriz, reuniam-se os violeiros que percorriam as casas da vila, na festa de Santa Cruz. "Onde tinha uma cruz, a turma parava, batia pé, rezava lá e saía café, essas coisas". Faziam leilão de prendas: garrafa de pinga, leitão, frango, uma dúzia de ovos, verduras, "eram os donativos da população daqui, porque não tinha outra coisa que eles produzissem". São Miguel, o padroeiro, Santa Cruz e São João eram as principais festas. "A noite inteira comer, beber, bater o pé".

Essas festas, que ainda restam de modo fragmentário, apesar de intenso, na memória de diversos moradores mais antigos, são relatadas com nostalgia, sobretudo por aqueles que descendem de antigos proprietários rurais da região e que, empobrecidos, aí continuam residindo. "O quanto a gente sente acabar assim!" Além da antiga igreja, frequentemente, elas são associadas com a chamada "casa dos índios" e com uma velha sede de sítio, em ruínas, existente na área. Como comentou um entrevistado, nessas festas destacavam-se os "caipiras", "gente descendente dos índios, que acompanhava, com dança e gritos, os violeiros".

Por volta de 1950, foram fundados a Maçonaria, o Rotary e, um pouco antes, o Lions Club. Seus fundadores e principais associados são, ainda hoje, comerciantes estabelecidos na área após 1930, enriquecidos pelo movimento de expansão do bairro:

"— Bem, quando eu fui presidente (do Rotary Club) minha preocupação maior foi... como exatamente desde menino eu tinha, assim, uma afinidade muito grande com as coisas daqui, porque eu praticamente me criei aqui, cresci com este bairro... então, eu conhecia isto aqui como era antes e depois... Então, a minha preocupação era primeiro fazer alguma coisa que tornasse a nossa igreja conhecida, divulgar mais a nossa matriz, a velha matriz, como um patrimônio histórico, alguma coisa de valor que devia ser preservada. Então, fizemos alguns movimentos no sentido, assim, de dar ênfase ao valor histórico de nossa igreja.

— Que movimentos?

— A primeira coisa que nós fizemos foi no Rotary Club... foi o emblema do próprio Rotary Club, a Igreja Matriz, a igrejinha velha. Então, a flâmula do bairro... a flâmula do Rotary Club é a igreja, a própria igreja. Depois, nós procuramos fazer uma divulgação da Matriz através de trabalhos nas escolas... Nós promovemos esse concurso de redação. Promovemos então exposições de pintura, de artes plásticas, noites de reuniões poéticas, concertos, no recinto da Igreja Matriz, da igreja velha. Promovemos ali demonstrações de grupos de voga. Então, uma série de atividades enormes. "Nós fizemos isso muitos anos seguidos."

Essa igreja, há mais de dez anos fechada ao uso litúrgico, é o edifício mais antigo dessa área, sendo, para os moradores, marco de sua fundação e símbolo de sua identidade. A velha igreja, elemento sempre presente nos vários relatos sobre festas e atividades artísticas nesse bairro, é, ainda hoje, objeto de uma disputa que se trava no interior do sistema local de forças políticas. [31]

As festas que se realizavam no pátio da igreja e que, aos olhos de seus participantes ainda vivos, interligavam a comunidade de moradores aparentemente pouco diferenciada, foram sendo desarticuladas. No seu lugar, exposições de pintura, noites de poesia e apresentações de vários grupos artísticos passaram a ser realizadas com o patrocínio dos clubes de serviço e dos comerciantes locais. Estes que, pouco a pouco, foram se apropriando simbolicamente da Velha Matriz, foram, ao mesmo tempo, conquistando posições de poder no bairro (como cabos eleitorais, vereadores, funcionários públicos, professores, etc.).

A uma pergunta que fizemos sobre se, além (ou antes) das

---

(31) Esta questão está analisada em A. A. Arantes e M. Andrade (1981).

atividades patrocinadas pelo Rotary, havia outras promoções artísticas ou de festas na região, um de seus ex-presidentes afirmou taxativamente:

"— Não! Não existia nada. Existiam só aquelas festas típicas daqueles lugares do interior." Primeiro ocupando o lugar do "festeiro" e depois mudando o próprio caráter das festas, substituindo-as por espetáculos ou mostras de produtos estéticos relativamente alheios às bases sociais e culturais locais, o setor emergente vai excluindo das atividades centrais à vida do bairro a grande maioria de seus moradores.

Nesse processo, foi muito importante a criação dos clubes e associações. Vejamos, em linhas gerais, como isso se deu.

Em 1940, fundou-se o chamado Centro de Amigos do Bairro, antecessor das atuais Sociedades de Amigos de Bairro, a partir do qual pretendia-se reivindicar aos órgãos públicos os melhoramentos de que o bairro necessitava. Diz um de seus fundadores: "Tinha, assim, o seu caráter social... caráter político. Era uma sociedade com o sentido de reunir famílias... Aí começou uma espécie de divisão, assim, de caráter mais racista. Então, o pessoal de cor negra fundou o clube deles, o Clube do Fubá, como era chamado".

Mais tarde, uma grande indústria química criou um clube esportivo e recreativo para cuja construção os trabalhadores foram obrigatoriamente descontados em folha de pagamento. O grupo dirigente do Centro de Amigos do

Bairro transferiu-se para este novo clube. "Todo empregado era obrigado a ser sócio do Clube de Regatas. Então, era uma mistura muito grande."

O mesmo grupo, por essa razão, fundou pouco tempo depois o chamado Clube dos 200, com número restrito de sócios. "Foi mais uma tentativa de fazer uma seleção... Eu estava segurando a direção e não queria largar para não degenerar. Porque, então, inclusive, seria um antro ali no centro da vila." As despesas, porém, alega o informante, eram muito altas, de tal modo que, por volta de 1960, fechou-se mais este clube. "Bem, a í, fundaram os clubes de serviço... O Lions foi fundado antes do Rotary. Foi fundada a Maçonaria, que teve um trabalho muito atuante aqui e continua tendo..."

Os trechos de entrevistas acima transcritos ilustram que essas associações traziam, de modo subjacente à sua constituição, os recortes políticos e sociais do bairro. Não é outro o sentido do contraste entre o Centro de Amigos do Bairro e o Clube do Fubá, que o da contraposição entre os dois segmentos sociais referidos pelos informantes, respectivamente, com as "famílias" e os "negros", os de "categoria alta" e os de "categoria baixa", como é dito em outro momento da entrevista. Com sentido análogo, entendo a distinção entre o Clube de Regatas e o Clube dos 200, nessa época de redefinição de limites e áreas de atuação num espaço social e político onde, nas palavras de nosso informante, "havia uma mistura muito grande". Assim, também, mais recentemente, quando o Clube de Regatas define-se como associação "de elite", pode-se compreender o contraste entre este e as várias associações esportivo-recreativas das quais foram criadas, aproximadamente, catorze na região.

Certamente, o sentido mais geral desse processo foi o estabelecimento de uma progressiva diferenciação social no bairro e a criação de um nicho a partir de onde fosse possível articular, simbólica e praticamente, a identidade cultural da "comunidade" como um todo, segundo a conveniência dos grupos em ascensão.

Entretanto, em contrapartida a esse movimento de estruturação da camada "dirigente", transformaram-se os horizontes sociais, políticos e culturais das camadas "subalternas". No final dos anos 40 e início dos 50, quando foram instalados no bairro núcleos dos partidos políticos mais fortes na época (PSD, UDN e PTB, o Partido Comunista teria tido "uma participação muito ativa" na região. Multiplicaram-se e ganharam força, nesse período, movimentos de reivindicação em diversas vilas mais afastadas e foram fundadas diversas Sociedades de Amigos de Bairro.

Surgiram, nesse processo, diversos conjuntos musicais, tanto de inspiração regional quanto pop e rock. Um grande número de pessoas dedicava-se à poesia. Criavam-se as raízes da produção teatral, que viria a se constituir, mais tarde, num dos movimentos mais significativos, do ponto de vista popular, na esfera das artes dessa região.

Por iniciativa de dois atores autodidatas e alguns outros que haviam frequentado curso de arte dramática, todos operários de uma fábrica instalada no bairro, criou-se o primeiro grupo leigo de teatro amador. Diz um de seus fundadores:

"— Não havia diversão para a mocidade... Eu mais um colega pensamos em nos juntar e fazer uma coisa diferente para a mocidade. Mas nós não tínhamos condições. Entendimento, os poucos que tinham entendimento, eram os filhos de papai. É difícil fazer teatro de cima para baixo. Eu morava na chácara e ficava lendo até 2 da manhã.

Esse colega arrumou quatro meninas que queriam fazer teatro e ficamos assim, vamos, não vamos, um ano ou dois assim... Eu queria fazer teatro contando coisas do sertão. Cada brasileiro tem uma história guardada... Ele lia muito: Noturno, fotonovela... Fomos representar O Escravo, de minha autoria, em 1960... Trabalhamos juntos 13 anos.

Em 1970, 73, foi o apogeu do teatro por aqui. Havia uns 15 ou 16 grupos na região."

Apesar dos limites deste trabalho, convém nos determos um pouco sobre a organização desses grupos amadores de teatro pois ela ilustra bastante bem duas questões importantes: por um lado, as relações desses grupos com suas bases sociais e políticas, no sentido amplo, e, por outro, a questão da produção dessas atividades, particularmente no tocante à atuação das instituições das camadas dirigentes, porta-vozes e guardiãs das concepções e dos valores oficiais.

Tomemos um outro grupo, desta vez constituído por trabalhadores no seu local de moradia e não na seção industrial de uma fábrica, como foi o primeiro caso.

Um casal de cantores de música sertaneja, contando com a infraestrutura de uma Sociedade de Amigos de Bairro da região, organizou uma programação dominical de alto-falante. O programa era apresentado todos os domingos, a partir das sete horas da manhã, estendendo-se pelo dia todo. Abria com leitura de jornal: noticiário internacional, nacional, esporte, etc. Era apresentada, em seguida, uma programação variada de música, tanto gravada quanto ao vivo, com cantores, duplas sertanejas e conjuntos da região.

O programa era irradiado de uma das duas saletas da Sociedade. Os curiosos vinham e queriam espiar pela janela. Acabaram pedindo que fosse aberto para o público e o grupo acabou utilizando, também, a sala maior da Sociedade, onde passou a fazer os seus programas num palco improvisado. Além da música, passaram a montar representações teatrais com peças de sua autoria, adaptando foto novelas ou mesmo improvisando sketches rápidos, ensaiados pouco antes da apresentação. Uma vez por mês, havia uma programação "de gala".

Segundo relatos obtidos, "tudo ia bem até que um grupo de políticos resolveu tomar os postos de comando da Sociedade. A eleição da diretoria foi disputadíssima; parecia eleição para Presidente da República". Ganha a eleição, os vencedores passaram a criar obstáculos à realização do programa de alto-falantes. Entre outras coisas, construíram um pequeno palco, uns dois metros acima do chão, "com uma cerquinha de mais de meio metro; parecia mais um palanque do que palco" ironizava nossos informantes.

Sendo forçados a encerrar o trabalho na Sociedade, o grupo se constituiu, a partir de 1968, como grupo teatral independente, ensaiando e se apresentando nos fundos da casa de seu diretor. A área que utilizavam para ensaios e apresentações era cercada com retalhos, conseguidos pelo diretor do grupo de um comerciante de tecidos, para o qual trabalhava, e emendados por sua esposa, que era costureira.

Com sobras, doações e material comprado com o pouco dinheiro apurado nas apresentações do grupo, fundou-se o Corpo Cênico e construiu-se um barracão onde ele passou a se apresentar, regularmente, por quase dez anos, até o falecimento do seu diretor.

Observando, hoje, as suas instalações fechadas, conversando com as pessoas envolvidas, lendo os seus livros-caixa e as suas atas, conhecendo os seus vizinhos — que eram o seu público — a impressão que se tem é que, para esse grupo, o teatro era um fim e não um meio. Movido, ao que parece, pelo prazer de fazer teatro, os seus membros mais canalizavam os poucos recursos de que dispunham à atividade teatral do que retiravam dela algum proveito pessoal, financeiro ou de prestígio.

Nesse contexto, fazer é empregado no sentido literal. Desde a construção do barracão, até a feitura do cenário, a confecção dos figurinos, a produção do texto, a sonoplastia e iluminação, absolutamente tudo era realizado pelos participantes do grupo, ajudados pelos amigos, parentes, vizinhos, companheiros.

Diversos outros grupos se constituíram, nessa área, entre os anos 1968 e 1970. Cada um deles foi, aos poucos, definindo o seu público, a sua rotina de apresentações e de trabalho, os seus objetivos, características e, o que parece ser fundamental, as suas maneiras de solucionar os problemas de produção e de financiamento de montagens, o que era feito, geralmente, por amigos, vizinhos, parentes, companheiros de trabalho, de partido ou grupo religioso, tal como ocorreu no caso do Corpo Cênico.

A proximidade social entre os grupos teatrais e o seu público ficava fortalecida pelo fato das peças montadas serem, em sua quase totalidade, de autoria dos membros dos próprios grupos, em geral seus diretores, pessoas quase sempre pouco diferenciadas dos demais participantes e do próprio público, em termos de concepções de mundo e valores estéticos.

Em 1969, convergiram para as atividades teatrais, a um só tempo, as atenções e os interesses dos clubes de serviços e da Federação de Teatro Amador, que pretendia ampliar-se através da abertura de subsedes regionais em vários pontos da cidade.

O Rotary decidiu montar um festival de teatro. Entretanto, considerando que os grupos locais "não possuíam nível artístico" para participar do evento, convidou os grupos vencedores de um festival que havia se realizado na cidade.

Os grupos teatrais do bairro compareceram maciçamente às apresentações do festival e protestaram publicamente contra a sua exclusão.

Não obstante, na expectativa de apoio técnico e financeiro, vislumbrado na aproximação da Federação, vários grupos já existentes e alguns que se formaram nesse processo filiaram-se à Regional da Federação, aberta logo após o festival.

Após um ano de trabalho, dirigido pela Federação de Teatro Amador, realizou-se um segundo festival. Mas, em 1972, "por problemas de organização, financeiros e devido ao baixo nível artístico do teatro local", foi fechada esta sede regional que contava, então, com 12 entidades associadas e mais de 200 sócios.

Depois disso, o chamado movimento teatral entrou em

declínio no bairro, ressurgindo apenas mais recentemente quando se criaram novas condições favoráveis à sua expansão. [32]

---

[32] Cf. "Respostas da sociedade à crise", *Folha de S. Paulo*, 12 de março de 1981.

IV
CONSIDERAÇÕES FINAIS

Por limitações de espaço, o relato aqui apresentado sobre a produção teatral desses grupos não aprofunda as concepções de mundo e da vida articuladas pelos artistas em suas formas de expressão.

Em outro livro (*O trabalho e a fala*, Editora Kairós), (33) focalizam principalmente esse aspecto da questão. Embora estivesse, lá, preocupado com os folhetos de cordel vendidos nas feiras e mercados do Nordeste, acredito que as conclusões gerais a que cheguei aplicam-se também à situação aqui apresentada.

"O folheto pode ser pensado como reflexão metafórica sobre contradições realmente vividas pelo poeta e pelo segmento social a que ele pertence, mas a expressão pública dessa reflexão é socialmente constrangida."

"Se, de um lado, a sua liberdade de expressão é assegurada... pelo fato de sua competência cultural ser a mesma da de seu público (o que torna possível o jogo com metáforas, trocadilhos, etc.), por outro, a sua articulação efetiva é mantida dentro de limites."

Esses limites são tanto "internos", tais como, por exemplo, os impostos pelas regras convencionais de poética, próprias dos folhetos como gênero literário, quanto "externos", tais como a manipulação autoritária de taxas e impostos por fiscais nas feiras, a apreensão de folhetos e prisão de folheteiros acusados de transgredirem a moral, os bons costumes e as concepções políticas dos poderosos locais, etc.

"Apontando para essas limitações, contudo, não quero sugerir que os diversos poetas expressem uma única e mesma visão da sociedade. Tentei, com efeito... descrever não apenas a variedade de gêneros mas, também, a multiplicidade de mensagens expressas através de poemas pertencentes a um único tipo. Mas a análise de alguns desses poemas, bem como a consideração das condições em que são produzidos e vendidos os folhetos, mostra que essa diversidade tem limites e que estes são historicamente determinados."

Focalizando, agora, principalmente, o modo e as condições em que se realizava a produção teatral entre operários em São Paulo, poderemos elaborar um pouco mais o que, naquele trabalho, chamei de "constrangimento".

Realmente, as páginas precedentes contam uma saga que frequentemente perdemos de vista quando nos indagamos sobre o que foram ou o que deveriam ser as artes populares. Nos 50 anos de história, apresentados aqui resumidamente, a constituição do segmento social dominante no quadro sociopolítico dessa localidade implicou na criação de um espaço político formal, estruturado em torno de clubes, associações e —embora não tenhamos nos detido nisso — partidos políticos. Nesse processo, vão se delimitando explicitamente os contornos de grupos sociais com interesses divergentes (ou mesmo antagônicos) que ou negociam entre si, ou se contrapõem uns aos outros, em seu confronto quotidiano.

Fazem parte desse confronto as atividades chamadas artísticas, aqui mencionadas. Neste caso específico, vimos que a atuação dos trabalhadores tem sido, por opção ou por exclusão, no sentido de criar espaços alternativos aos dos ricos e poderosos, formando instituições do mesmo tipo (no exemplo, Clube do Fubá, em contraposição ao Centro de Amigos do Bairro), ou outras, com caráter formal (Corpo Cênico) ou informal (laços pessoais).

Nesses espaços "alternativos", fragmentários e dispersos, embora' conquistados a duras penas e com muito empenho, pequenos grupos de vizinhos, amigos e parentes, companheiros de trabalho, de igreja ou de partido desenvolvem as suas formas de expressão, a partir das suas maneiras de pensar, de agir, de fazer e, sobretudo, de organizar conjuntos de relações sociais capazes de tornar viáveis, política e materialmente, as suas atividades.

Mesmo usando recursos "vindos de fora", tanto materiais quanto estéticos, reafirmam-se e elaboram-se as relações internas desses grupos. Reinterpretam-se, em pequenos grupos, duplas ou conjuntos, as músicas ouvidas nos discos, no rádio, nos shows e na TV; os poemas lidos nos livros cultos ou nas coletâneas escolares; as histórias lidas nos romances e nas revistas, as peças assistidas nos circos, na telenovela ou mesmo no teatro.

Tudo, como os retalhos de tecidos emendados de que era feito e que abrigava o Corpo Cênico, é material reaproveitável, transformável e passível de ser matéria-prima concreta, amálgama aglutinador e estruturante das relações sociais internas dos grupos.

Se em lugar de nos preocuparmos em "avaliar", do ponto de vista político ou estético, os feitos dados imediatamente à nossa observação, atentarmos para o fazer que lhes é subjacente, talvez compreendamos que essa é parte de uma luta

Fazer arte é construir com cacos e fragmentos um espelho onde transparece o que há de mais abstrato num grupo humano: a sua organização.

constante, muitas vezes explícita, pela constituição da identidade social, num processo que é dinâmico e que passa pelas artes, assim como pelas outras esferas da vida social.

Nesse sentido, fazer teatro, música, poesia ou qualquer outra modalidade de arte é construir, com cacos e fragmentos, um espelho onde transparece, com as suas roupagens identificadoras particulares, e concretas, o que é mais abstrato e geral num grupo humano, ou seja, a sua organização, que é condição e modo de sua participação na produção da sociedade. Esse é, a meu ver, o sentido mais profundo da cultura, "popular" ou outra.

INDICAÇÕES PARA LEITURA

Sobre o conceito antropológico de cultura;

Durham, E. R. — "A dinâmica cultural na sociedade moderna" in *Ensaios de opinião*, n. 4. Rio de Janeiro: Editora Inubia, 1977. Reflexão sobre a questão da cultura no contexto urbano-industrial (heterogeneidade vs. homogeneização). Deslocamento do foco de atenção do nível dos significados para o de sua produção social. Nesse mesmo número de *Ensaios de opinião* encontram-se os artigos de R. Cardoso e P. Fry, também relevantes para essa discussão.

Geertz, C. — *A interpretação das culturas*. Rio de Janeiro: Editora Zahar, 1978 (1973). Coletânea de artigos' do mesmo autor, alguns com ênfase teórica, mas a maioria analisando casos concretos. São reflexões a respeito do que seja cultura, o papel que ela desempenha na vida social e o modo como ela deve ser devidamente estudada. Obra particularmente relevante para o estudo do papel da cultura na política.

Leach, E. R. — *Cultura e comunicação*. Rio de Janeiro: Editora Zahar, 1978 (1976) e *As ideias de Lévi-Strauss*. São Paulo: Editora Cultrix-Edusp, 1973 (1970). Livros introdutórios em que se desdobra, explicando de modo detalhado e claro, a noção de que a cultura se constitui de conjuntos estruturados de significações. Nesse contexto geral, o segundo trabalho citado focaliza particularmente a teoria levistraussiana (estruturalismo).

Lévi-Strauss, C. — "Raça e história" e "O campo da Antropologia" in *Antropologia estrutural*, n. 11, Rio de Janeiro: Editora Tempo Brasileiro, 1976. Ensaios em que o autor expõe de modo acessível ao não especialista algumas ideias centrais de sua teoria. São discutidas as noções de evolução e progresso, etnocentrismo e a questão da significação.

Malinowski, B. — *Argonautas do Pacífico Ocidental*, São

Paulo: Abril Cultural, 1979 (1922). Monografia antropológica clássica, de leitura bastante acessível a não especialistas. Particularmente relevante para se compreender a relação entre cultura (representações) e ação social. Para uma apresentação e avaliação crítica da obra desse autor consulte-se Durham, E. R. — *A reconstituição da realidade*. São Paulo: Editora Ática, 1978.

Sahlins, M. — *Cultura e razão prática*. Rio de Janeiro: Editora Zahar, 1979 (1976). Embora pressupondo uma certa familiaridade com a bibliografia antropológica, este trabalho desenvolve de modo claro a tese de que todas as esferas da atividade .humana (inclusive a economia) são constituídas pela cultura (significados) e não determinadas por interesse utilitário.

Sobre o tema cultura popular;

Arte em revista. São Paulo: Editora Kairós, s.d.
Reúne em seus três primeiros números (1979 e 1980) interessante material documental e crítico a respeito do trabalho desenvolvido pelo CPC da UNE.

Camara Cascudo, L. A. — *Vaqueiros e cantadores*. Rio de Janeiro: Ouro, 1978 (1939). *Cinco livros do povo*. Rio de

Janeiro: José Olympio, 1953. *Tradição: Ciência do povo*. São Paulo: Ed. Perspectiva, 1967. São trabalhos bastante ilustrativos do melhor da produção folclorística brasileira.

Matta, R. da — *Carnavais, malandros e heróis*. Rio de Janeiro: Zahar Editores, 1979 e Valle, E. e Oueiroz, J. J. — *A cultura do povo*. São Paulo: Cortez e Morais—Educ, 1979. Ilustram bastante bem o grande número de pesquisas que foram desenvolvidas nos anos 1970 sobre essa questão.

BIBLIOGRAFIA
VI

Almeida, M. W. B. "Linguagem regional e fala popular" in Revista de Ciências Sociais, Vol. VI li, nº 1 e 2, Fortaleza, 1978.

Arantes, A. A. "Cultura popular: conservadora?" in Revista de Ciências Sociais, Vol. VIII, nº 1 e 2, Fortaleza, 1978.

Arantes, A. A. O trabalho e a fala. São Paulo: Ed. Kairós, s.d.

Arantes, A. A. e Andrade, M. "A demanda da igreja velha" in Revista de Antropologia, Universidade de São Paulo,

1981.

Berlinck, M. T. Um projeto para a cultura brasileira nos anos 60, Campinas, IFCH, 1978 (mimeo.).

Câmara Cascudo, L. A. Vaqueiros e cantadores, Porto Alegre: Ed. Globo, 1939.

Câmara Cascudo, L. A. Tradição: Ciência do povo, São Paulo: Ed. Perspectiva, 1967.

Chauí, M. O que é ideologia, São Paulo: Ed. Brasiliense, 1980 (a). Chauí, M. "Notas sobre cultura popular" in Arte em revista, nº 3, São Paulo: Ed. Kairós, 1980 (b).

Durham, E. "A dinâmica cultural na sociedade moderna" in Ensaios de opinião, nº 4, Rio de Janeiro: Ed. Enubia, 1977.

Durham, E. A reconstituição da realidade, São Paulo: Ed. Ática, 1978.

Ferreira Gullar "A cultura posta em questão" in Arte em revista, nº 2, São Paulo: Ed. Kairós, 1980 (1963).

Fry, P. "Feijoada e soul food" in Ensaios de opinião, nº 4, Rio de Janeiro: Ed. Enubia, 1977.

Geértz, C. A interpretação das culturas, Rio de Janeiro: Ed. Zahar, 1978 (1973).

Gramsci, A. "Observações sobre o folclore" in Literatura e vida nacional, Rio de Janeiro: Ed. Civilização Brasileira, 1978 (1935),

Kroeber, A. e Kluckhohn, C. Culture, Harvard Univ. Press, 1952. Leach, E. R. - Political systems of Highland

Burma, Londres: Athlone Press, 1964 (1954).

Leach, E. R. As ideias de Lévi-Strauss, São Paulo: Ed. Cultrix-Edusp, 1973 (1970).

Leach, E. R. Cultura e comunicação, Rio de Janeiro: Ed. Zahar, 1978 (1976l.

Lévi-Strauss, C. "Raça e história" in Antropologia Estrutural I, Rio de Janeiro: Ed. Tempo Brasileiro 1976 (1952).

Lévi-Strauss, C. Tristes Trópicos, Lisboa: Ed. Portugália, s/d (1955).

Lévi-Strauss, C. "O Campo da Antropologia" in Antropologia estrutural, n. I, Rio de Janeiro: Ed. Tempo Brasileiro 1976 (1960).

Malinowski, B. Argonautas do Pacífico Ocidental, São Paulo: Abril Cultural, 1979 (1922l.

Malinowski, B. The sexual life of the savages, Londres: Routledge and K. Paul, 1968 (1929).

Martins, C. E. "Anteprojeto do Manifesto do CPC'" in Arte em revista, n. 1, São Paulo: Ed. Kairós, 1979 (1962).

Martins, C. E. "A história do CPC" in Arte em revista, n.93, São Paulo: Ed. Kairós, 1980.

Paz, O. Posdate, México: Siglo XXI Ed., 1971.

Sahlins, M. Cultura e razão prática, Rio de Janeiro: Ed. Zahar, 1979 (1976).

Valle, E. e Queiroz, J. J. A cultura do povo, São Paulo: Ed. Cortez, 1979.

SOBRE O AUTOR

Este livro foi produzido quando eu me dedicava a uma série de pesquisas antropológicas sobre temas que iam da organização social em áreas de posseiros do alto sertão baiano, à produção e distribuição dos folhetos de cordel nos grandes centros urbanos nordestinos, ou à produção cultural em bairros populares da cidade de São Paulo.

Sou professor de antropologia na Unicamp desde 1968, onde tenho me dedicado à área de "Cultura e Política" em cursos de graduação e pós-graduação. E como já se passaram mais de duas décadas desde a publicação deste *Cultura popular*, gostaria de acrescentar que desde então cresceu o meu interesse em compreender a formação de territórios, os conflitos e as sociabilidades das/nas ruas das grandes cidades brasileiras contemporâneas.

Fiz parte do Movimento Popular de Arte de São Miguel Paulista, fui Presidente do Condephaat (1983-84) e Secretário Municipal de Cultura de Campinas (1984-89).

Publiquei sobre temas afins ao deste livro, além de artigos em revistas especializadas: *O trabalho e a fala: estudo antropológico sobre os folhetos de cordel*, São Paulo: Ed. Kairós/Unicamp, 1982 e *Produzindo o passado: estratégias de construção do patrimônio cultural*, São Paulo: Brasiliense/SEC, 1984.